Heike Baum

Mit dem spiel ich nicht!

Vom Umgang mit Ablehnung und Ausgrenzung

Kösel

HEIKE BAUM

Die Autorin, geboren 1963, ist Spielpädagogin, Gruppendynamikerin und Supervisorin (DGSv). Als freiberufliche Fortbildnerin leitet sie seit mehr als zehn Jahren Seminare für MitarbeiterInnen aller pädagogischer und therapeutischer Praxisfelder. Ihr Schwerpunkt dabei sind emotionale Themen wie Trauer, Wut und Angst. Durch ihre langjährige berufliche Erfahrung mit Kindern und Jugendlichen sind ihr die häufig unbeachteten intrapsychischen und emotionalen Themen dieses Alters besonders wichtig.
Als Autorin ist sie bekannt durch ihre vielfältigen Veröffentlichungen von pädagogischen und spielpädagogischen Fachbüchern, die sich häufig innovativen und neuen Themen widmen, sowie durch ihre Brettspiele.

Danken möchte ich meiner Lektorin Heike Mayer, die mit ihrer konsequenten Fachlichkeit und mit ihrer konstruktiven und fruchtbringenden Kritik großen Anteil an der hohen Qualität dieses Buches hat..

Erziehungsarbeit wird nach wie vor überwiegend von Frauen geleistet. Daher ist in diesem Buch der leichteren Lesbarkeit wegen grundsätzlich von weiblichen Erwachsenen die Rede. Männliche Leser mögen bitte darüber hinwegsehen.

© 2002 by Kösel-Verlag GmbH & Co., München
Printed in Germany. Alle Rechte vorbehalten
Druck und Bindung: Kösel, Kempten
Umschlag: Kaselow Design, München
Umschlagmotiv: Mauritius/Kupka
Illustrationen: Heike Herold
ISBN 3-466-30588-8

Gedruckt auf umweltfreundlich hergestelltem Bilderdruckpapier
(säurefrei und chlorfrei gebleicht)

Inhalt

Vorwort

Ich habe keine Lust

in der Schule neben Mohamed zu sitzen.
Mohamed stinkt und ist ein Kanake;
mit dem behinderten Egon zu arbeiten,
der ist mir zu langsam und zu doof;
im Haus mit Müllers zu wohnen,
die haben zu viele Kinder und sind asozial;
in derselben Straße mit Martina zu leben,
der ihr Vater ist ein Mörder und ich bin hier nicht mehr sicher.
Aber eines will ich betonen: Ich habe keine Vorurteile und ich finde,
Ausländer, Behinderte und Kriminelle haben ein Recht, hier zu leben.
Nur nicht in meiner nächsten Umgebung.

HEIKE BAUM

Liebe Leserinnen, liebe Leser,

diese Zeilen sind nicht nur ein Ausdruck dessen, was ich von anderen Menschen immer wieder höre, sie sind auch Ausdruck meiner eigenen Unsicherheit, mit dem Fremden umzugehen. Erst letztens ist es mir passiert, dass ein Taxifahrer, ein aus der Türkei stammender Mitbürger, so unmöglich gefahren ist, dass ich ihn bat, das Auto etwas sorgsamer und langsamer zu steuern. Er tat daraufhin so, als würde er mich nicht verstehen, etwas, was ich bei südländischen Männern häufiger erlebe: dass sie Frauen nicht ernst nehmen und diejenigen, die sich so direkt verhalten wie ich, einfach ignorieren. Wie beschwert »frau« sich nun, ohne gleich als rassistisch eingestuft zu werden?

Und mit welchem kritischen Blick lesen Sie diese Zeilen? Natürlich erlebe ich ähnliche Konflikte noch häufiger mit deutschen Männern, aber diese verstehen meine Konfliktkultur und ich die ihre besser, da wir in derselben aufgewachsen sind, deshalb kann ich mich mit meinem Anliegen besser verständlich machen.

An Situationen wie dieser wird mir immer wieder deutlich, dass das Thema Umgang mit dem Fremden und Integration nicht mit »einem gelungenen Lernen« zu Hause oder in der Kindertagesstätte abgeschlossen ist, sondern dass es uns unser ganzes Leben begleitet und wir uns immer wieder damit auseinander setzen müssen.

Es ist gut, wachsam zu sein und zu beobachten, was in der direkten Umgebung passiert. Es ist gut, sich zu überlegen, in welches Wohngebiet ich mit meinen Kindern ziehen will. Doch ist es auch notwendig, offen zu bleiben und immer wieder zu überprüfen, warum ich ängstlich bin, was meinen Ärger ausmacht und was mein Gegenüber dafür wirklich kann.

Nach den Ausschreitungen der letzten Jahre in Bezug auf die Mitbürger mit einer fremden Muttersprache (schon die Bezeichnung wird immer komplizierter) ist das Thema mehr denn je tabuisiert. Dies führt zur Verhinderung von echter Integration. Eingliederung des Fremden in unsere Gesellschaft ist nur möglich, wenn wir beginnen, offen über die Schwierigkeiten zu sprechen. Menschen mit anderen kulturellen Erfahrungen, mit anderen Lebensgewohnheiten, mit anderem Aussehen oder Auftreten irritieren uns erst einmal. Sie werden im ersten Kapitel erfahren, warum das so ist und warum es auch wichtig ist, darüber zu reden. Integration bedeutet nicht die Anpassung von Menschen mit einer anderen Staatszugehörigkeit, von Menschen mit einer psychischen, geistigen oder körperlichen Behinderung oder mit irgendeiner Form von ungewöhnlichem Verhalten, sondern das Entwickeln einer neuen gemeinsamen Kultur, in der alle ihren Platz finden.

Es ist wichtig, mit Kindern die Fähigkeit einzuüben, dem Fremden offen zu begegnen, ohne für sensible Situationen das Gefühl zu verlieren. Das ist jedoch nicht möglich, ohne sich selbst dabei immer wieder in Frage zu stellen und sich selbst in Frage stellen zu lassen. Dafür wünsche ich Ihnen Mut und viel Spaß beim gemeinsamen Entdecken des Fremden. Vielleicht können Sie sich ein wenig von der Neugier und der Direktheit der Kinder anstecken lassen.

Heike Baum

Vom Umgang mit dem Fremden

Entwicklungspsychologische und soziologische Hintergründe

So genannte »interkulturelle Kompetenzen« und »integratives Lernen« hat nicht nur damit zu tun, Toleranz gegenüber fremden Kulturen zu entwickeln, sondern auch damit, neugierig zu werden, das Fremde in uns selbst zu entdecken, andere Lebensformen zu akzeptieren und anzuerkennen, dass alle Menschen ganz individuell ihre eigene Realität wahrnehmen. Wenn fünf Menschen von derselben Situation erzählen, werden fünf unterschiedliche Geschehen geschildert, denn jeder Mensch achtet auf andere Dinge und hat die eigene innere Bewertung bereits beim Erleben im Kopf.

Um Toleranz zu entwickeln, muss sich also vor allem die Kompetenz entfalten, innere Spannungen auszuhalten: zum Beispiel sich von etwas gleichzeitig angezogen und abgestoßen zu fühlen oder der Neugierde nachgeben, die zugleich ein wenig Angst macht.

Heimisch im Vertrauten

Wir Menschen haben es gerne, wenn alles übersichtlich, klar und harmonisch ist. Im Vertrauten fühlen wir uns zu Hause und sicher. Vermieden wird dabei die Auseinandersetzung mit dem Unberechenbaren in uns selbst und in unserer Umwelt. Obwohl wir als Erwachsene intellektuell genau wissen, dass das Leben keine entspannte Reise durch das Paradies ist, vermeiden wir gerne die Auseinandersetzung mit diesem Wissen und hoffen häufig in kindlicher Realitätsferne, dass sämtliche Schicksalsschläge und die damit verbundenen schweren Zeiten an uns vorüberziehen, ohne uns zu treffen.

Was aber hat dies mit dem Thema interkulturelles Lernen bzw. Ausgrenzung und Integration zu tun? Für mich ist eine der wichtigsten Voraussetzungen dafür, das Fremde und das Unberechenbare zu tolerieren: dass wir akzeptieren, dass das Leben nicht in einer geraden Linie und planbar verläuft, und daher die Bereitschaft entwickeln, uns immer wieder neu mit dem Leben und den Menschen in unserer Lebenswelt auseinander zu setzen.

Ich bin davon überzeugt, es ist die innere Starre – das festgefahrene eigene Lebenskonzept –, die uns hindert zu akzeptieren, dass andere ihr eigenes Leben leben.

Das bedeutet in der Konsequenz, Mohamed zuzuhören und dabei zu denken: »Ach, so ist das für ihn!«, und ihn dann vielleicht zu fragen, wie er darauf kommt, warum dies so wichtig für ihn ist und so weiter. So lässt es sich in ein gemeinsames Gespräch kommen und möglicherweise finden sich dann Gemeinsamkeiten, die verbinden. Das ist eine große Herausforderung, denn es fällt uns viel leichter, in der vertrauten Spur zu bleiben, die da heißt: Unsere Kultur, unser Verhalten ist normal, gut und richtig und er ist halt ein Moslem. Es wird ausschließlich das Trennende gesehen

Uns unseren inneren Widerständen stellen

Für die Arbeit mit Kindern heißt das: Ich selbst als Erwachsene/r muss mich zuerst überprüfen – oder auch im kollegialen Austausch oder in der Auseinandersetzung mit dem Partner, anderen Eltern und Erwachsenen überprüfen lassen –, inwieweit ich bereit bin, andere Menschen in ihrem Anderssein anzunehmen und ernst zu nehmen. Dort, wo ich an meine Grenzen stoße, die Akzeptanz mir schwer fällt oder gar unmöglich erscheint, habe *ich* die intrapsychische (die innere) Sperre, nicht mein Gegenüber, das diesen Widerstand auslöst.

Ganz schnell deutlich kann dies werden, wenn zum Beispiel ein mehrfach behindertes Kind in den Blick gerät. Dieses Kind isst vielleicht nicht so, wie wir es appetitlich finden, und es ekelt uns ein wenig. Den Ekel zu unterdrücken ist keine gute Idee; das Lokal nicht mehr zu besuchen, weil es Behinderten Essen serviert, auch nicht. Für den Betrachter bedeutet eine solche Situation vielleicht, dass ein entspanntes Essen nicht möglich ist, für das mehrfach behinderte Kind möglicherweise einen wichtigen Schritt zu mehr Selbständigkeit.

Beide Parteien haben ein Recht auf ihre jeweilige Gefühlslage und das entsprechende Erleben der Situation. So gilt es auszuhandeln, wie wir mit der Situation umgehen können. Vielleicht gibt es für den unangenehm berührten Betrachter einen anderen Platz? Oder er informiert die Bedienung, dass er mit dem Essen noch etwas warten möchte?

Nur wenn wir alle in solchen Situationen der Irritation oder des Unverständnisses (hier: »Wie kann man nur mit einem solchen Kind in ein öffentliches Restaurant gehen?«) uns unsere Gefühle erst einmal eingestehen und dann miteinander ins Gespräch kommen und die Befindlichkeiten austauschen, kann sich langfristig eine tolerante und integrative Gesellschaft bilden.

Dabei geht es nicht darum, die eigenen Gefühle von Grenzüberschreitung zu verdrängen, herunterzuspielen oder sie anderen Menschen nicht zu zeigen, sondern viel eher darum, klar das eigene Verständnis der Situation zu erläutern und dabei zu verstehen zu geben, dass dies die eigene Sichtweise ist und das Gegenüber ein Recht auf eine andere hat.

Kompetent & lebendig.

EMOTIONALE ERZIEHUNG

EMOTIONALE ERZIEHUNG

EMOTIONALE ERZIEHUNG

Kleine handliche Ratgeber für die emotionale Erziehung zwischen 3 und 7: konkret, spielerisch, sofort umsetzbar.

Ideal für Eltern und ErzieherInnen, die einfach und umkompliziert Zugang zu wichtigen pädagogischen Themen suchen und die Anregungen schnell umsetzen wollen.

Die soziale und emotionale Kompetenz von Kindern stärken:

❖ Was tun, wenn Kinder die Wut packt?
❖ Wenn sie zum ersten Mal mit dem Tod konfrontiert werden?
❖ Wenn die anderen nicht mit ihnen spielen wollen?
❖ Wenn man sie beim Lügen ertappt?

Da bin ich fast geplatzt!
Vom Umgang mit Wut und Aggression
ISBN 3-466-30585-3

Ich hab aber nicht geschwindelt!
Vom Umgang mit Lüge und Wahrheit
ISBN 3-466-30587-X

Ist Oma jetzt im Himmel?
Vom Umgang mit Tod und Traurigkeit
ISBN 3-466-30586-1

Mit dem spiel ich nicht!
Vom Umgang mit Ablehnung und Ausgrenzung
ISBN 3-466-30588-8

Die Reihe:

Heike Baum
Emotionale Erziehung
Jeder Band: 48 Seiten. Sonderfarbdruck.
Durchgehend illustriert von Stefanie Scharnberg und Heike Herold. Kartoniert
ca. € 8,95 [D]/sFr 16,-
Format: 17,3 x 22,0 cm

Weitere Bände sind in Vorbereitung.

Emotionale | **Kinder** von 3 bis 7 | **Erziehung**

Mit dem spiel ich nicht!

Vom Umgang mit Ablehnung und Ausgrenzung

Heike Baum

Emotionale | **Kinder** von 3 bis 7 | **Erziehung**

Ist Oma jetzt im Himmel?

Vom Umgang mit Tod und Traurigkeit

Emotionale | **Kinder** von 3 bis 7 | **Erziehung**

Ich hab aber nicht geschwindelt!

Vom Umgang mit Lüge und Wahrheit

Heike Baum

Emotionale | **Kinder** von 3 bis 7 | **Erziehung**

Da bin ich fast geplatzt!

Vom Umgang mit Wut und Aggression

Heike Baum

HEIKE BAUM

*geb. 1963, ist Spielpädagogin, Gruppen-
dynamikerin und Supervisorin (DGSv).
Sie leitet Seminare zu pädagogischen und
therapeutischen Themen und ist durch ihre
zahlreichen Veröffentlichungen bekannt.*

Bestellcoupon

JA, ICH BESTELLE DIE NACHFOLGENDEN TITEL.

Den Bestellcoupon bitte ausgefüllt in Ihrer Buchhandlung abgeben.

MEINE BUCHHANDLUNG:

NAME

VORNAME

STRASSE/HAUSNUMMER

PLZ/WOHNORT

DATUM/UNTERSCHRIFT

Ex.	Best.-Nr. (3-466-)	Autorin und Kurztitel	Ladenpreis € [D]/sFr
	30585	Heike Baum, **Da bin ich fast geplatzt!**	ca. 8,95/16,-
	30587	Heike Baum, **Ich hab aber nicht geschwindelt**	ca. 8,95/16,-
	30586	Heike Baum, **Ist Oma jetzt im Himmel?**	ca. 8,95/16,-
	30588	Heike Baum, **Mit dem spiel ich nicht!**	ca. 8,95/16,-
1	99123	Prospekt: Leben mit Kindern	kostenlos

Weitere Informationen im Internet unter: www.koesel.de
Kösel-Verlag GmbH & Co., Flüggenstr. 2, D-80639 München, e-mail: info@koesel.de, Internet: www.koesel.de
Stand der Preise: Mai 2002. Irrtum/Änderungen vorbehalten. Europreise sind nur für Deutschland gültig.

99132

Ich fühle anders als du

Kinder haben es durch die starken Abhängigkeitsgefühle Erwachsenen gegenüber nicht leicht, ihr eigenes Weltbild zu entwickeln und ihren Bezugspersonen zu widersprechen. Trotzdem gibt es viele Situationen, in denen auch kleine Kinder bereits in Konflikt mit ihrer Umwelt geraten. Dies sind gute Gelegenheiten, ihnen aufzuzeigen, dass sie anders denken und anders sein können und trotzdem akzeptiert werden – auch wenn sie ihren Willen dabei nicht immer durchsetzen können. Konflikte sind damit zwar nicht weniger anstrengend, aber sie bieten den Kindern und den Erwachsenen die große Chance, miteinander zu lernen und die Beziehung weiter zu stabilisieren.

An dieser Stelle wird vermutlich deutlich, wie stark interkulturelles und integratives Lernen mit dem sozialen Lernen zusammenhängt. Kinder, die Sätze hören wie »Da kann ich dich nicht mehr leiden – geh in dein Zimmer« oder »Das macht mich ganz traurig, da will ich dich lieber nicht mehr sehen«, lernen in erster Linie, dass nicht-angepasstes Verhalten zum Ausschluss aus der Gemeinschaft führt. Weshalb sollten sie dann anderen Kindern ein unangepasstes oder untypisches Verhalten erlauben? Auch wenn ein Vater, wie ich kürzlich beobachtete, seinem zweijährigen Sohn Nudeln in den Mund stopft, obwohl das Kind laut und deutlich sagt, sie seien ihm zu heiß, dann lernt das Kind, dass der Stärkere mit seiner Wahrnehmung Recht hat. Heute weiß der Vater, was der Sohn fühlen soll – als Erwachsener ist er dann selbst das Maß der Dinge. Also sind die Nudeln nicht heiß und das Kind soll sich nicht so anstellen. Punkt.

Individualität ist normal, nicht Gleichförmigkeit

In unserem Umgang mit Kindern, sei es in der Familie oder in der Kindertagesstätte, stellt sich hier eine wichtige Aufgabe. Kinder lernen an vielen Kleinigkeiten, ob jeder Mensch für sich selbst entscheiden darf oder nicht. Hierzu ein einfaches Beispiel:

Heute gibt es beim Mittagessen im Kindergarten Ärger. Es gibt Schweinegulasch und die Küche hat für Ayse mal wieder nicht extra gekocht. Nun hat sie die Wahl zwischen trockenen Nudeln oder der Schweinesoße, die sie eigentlich nicht essen darf. Die anderen Kinder versuchen sie zur Soße zu überreden. Einmal sei es doch nicht so schlimm und der sechsjährige Sebastian meint, dass sein Vater immer sagt, die Ausländer müssten sich anpassen, wenn sie hier leben wollen. Claudia, eine der Erzieherinnen, erwidert ihm, sie würde ihn das nächste Mal daran erinnern, wenn es Grießbrei zum Mittag gibt, den er nicht mag. Sebastian verteidigt sich damit, dass er ja schließlich den Grießbrei nicht möge, aber hier gehe es nur um die türkische Extrawurst. Claudia bleibt hartnäckig und sagt, bei ihm gehe es um die Grießbrei-Extrawurst. Horst, der Erzieher, versucht die Stimmung zu entspannen. Er findet diese Auseinandersetzung sehr wichtig und nimmt sich vor, das Thema am Nachmittag noch mal anzusprechen, aber nun soll gegessen werden. Außerdem hat Ayse bereits Tränen in den Augen, weil sie mal wieder wegen ihres anderen Glaubens im Mittelpunkt steht. Deshalb sagt er: »Und bei mir gibt's die eklige Rosinen-Extrawurst!« Mirjam, die vegetarisch lebt, greift das auf: »Bei mir ist es die Fleisch-Extrawurst und bei dir, Florian, die Salatgurken-Extrawurst.« Nun beginnt Ayse zu grinsen und fügt hinzu: »Und bei Sonja ist es die Rosenkohl-Extrawurst.« Alle lachen und während Claudia mit Ayse in die Küche geht, um ihr die Nudeln mit einem Ei zu braten, beginnen die Kinder sich aufgeregt über ihre eigenen Extrawürste zu unterhalten. Und es wundert eigentlich niemanden, dass alle wenigstens eine Extrawurst haben wollen.

Gelingt uns so im Alltag eine integrierende Kultur, in der die individuellen Besonderheiten als das Normale oder auch das Ergänzende erlebt werden können, werden viele Probleme und Auseinandersetzungen für die Kinder zu fruchtbaren Erfahrungen, in denen sie am Modell der Erwachsenen lernen können: nämlich ihre natürliche Neugier zu erhalten, ihre Meinung offen zu äußern und Ungewohntes und Gewohntes in Frage zu stellen.

Erwachsene Meinungen sollten Angebote sein, nicht Normen

Kinder müssen eigene Erfahrungen und Entdeckungen machen dürfen. Wir sollten ihnen nicht sagen: »So ist es und so geht es«, sondern ihnen unser eigenes Erleben als eine Erfahrung anbieten mit der Aufforderung, es nun selbst auszuprobieren; so zum Beispiel: »Nein, ich glaube nicht an Gott, wenn du aber deiner Erzieherin gut zuhörst, lernst du viel über den Glauben an Gott und kannst dann selbst entscheiden, was du darüber denkst. Und wenn du dazu weitere Fragen an mich hast, dann erzähle ich dir gerne mehr über das, was ich denke.«
Wenn wir einem Kind, das eine entsprechende Frage stellt, mit echtem Interesse begegnen und auch deutlich machen, dass es hier vor einer komplexen Entscheidung steht, bekommt es eine Antwort, die ihm die innere Freiheit für sich selbst, aber auch die Verantwortung dafür gibt. Es erfährt dabei, dass Glauben etwas sehr Individuelles ist. Gerade bei Themen, bei denen wir Erwachsenen selbst auf unser eigenes Weltbild und unser Verständnis von Glauben angewiesen sind, sollten wir den Kindern keine fertigen Konzepte liefern, sondern sie zur inneren Auseinandersetzung auffordern. Das sind besonders Fragen nach Moral, dem Tod, dem Glauben an einen personifizierten Gott, danach, warum Menschen behindert sein können, Leute im Gefängnis sind oder auch, warum Svetlana nicht in Kasachstan bleiben wollte.

Was für uns selbst hilfreich und stimmig ist, kann für Kinder bedrohlich und unvorstellbar sein. Gerade an diesen sensiblen Themen können Kinder lernen, dass jeder sein inneres Bild von der Welt für sich gestaltet und letztendlich auch in der Gemeinschaft damit leben kann. Das ist ein Balanceakt, denn Kinder brauchen viel Stabilität, um sich in dieser Welt geborgen und sicher zu fühlen. Aber es ist ein Irrtum zu glauben, mit fertigen Weltbildern, die wir unseren Kindern überstülpen, könnten wir ihnen die Auseinandersetzung mit der Angst nehmen.

Zwischen gesunder Skepsis und bereichernder Toleranz

Vieles ist uns Menschen am anderen fremd und wir reagieren schnell mit Skepsis, mit Angst oder Vorbehalten. Das ist gut so, wir sollten vorsichtig sein im Umgang mit fremden Menschen, damit wir nicht in Schwierigkeiten geraten, aber vor allem sollten wir skeptisch sein gegenüber unseren eigenen Gedanken. Hier ist eine ganz besondere Vorsicht geboten. Genauer nachzuspüren, was das Beängstigende ist, woher die zur Vorsicht mahnende innere Stimme kommt. Ist sie wirklich gerechtfertigt? Und wie kann ich mir Informationen verschaffen, die mich beruhigen und mir ein wenig Angst nehmen? Oft reicht es schon, etwas zu verstehen, um die Angst zu verlieren.

Für Kinder ist Toleranz gegenüber dem Fremden und Neugier auf das Unbekannte kein Thema, das in vier Wochen schnell mal behandelt werden kann und dann mit einem Fest der internationalen Begegnung endet. (Meist gestalten sich solche Feste sowieso derart, dass es türkisches Essen, aber deutsche Gespräche und Spiele gibt.) Nein, dieses Thema ist immer präsent, jeden Tag und in unendlich vielen kleinen und großen Begegnungen und Variationen. Werden Kinder aufgefordert, mutig Neues zu entdecken, nicht gleich eine Schublade aufzuziehen, sondern genauer nachzufragen, werden sie dieses Verhalten mit ins Erwachsenenalter nehmen.

Je mehr Kinder bereits in der Kita und in der Familie erleben, wie fremde Kulturen, Gewohnheiten und Glaubenssätze, ungewohntes Verhalten und Andersartigkeit generell respektiert werden (und das heißt nicht, dass wir deshalb mit allem einverstanden sein müssen), umso mehr werden sie lernen, die Vielfalt dieser Welt zu bewundern und sie als Bereicherung zu erleben – und nicht als Bedrohung, wie ich das bei Erwachsenen so häufig feststelle.

Für Kinder ist das in den ersten sieben, acht Lebensjahren eine besondere Anforderung. Sie erleben in der frühen Kindheit vor allem die Familie als stabiles und Moral gebendes Bezugssystem und auch wenn sich Oma, Tanten und Freunde oft im Haus aufhalten, so passiert es doch häufig, dass Kinder sich vor dem dritten Lebensjahr nie mit einem gänzlich anderen Weltverständnis auseinander setzen müssen. Dies passiert in der Regel erst in der Kindertagesstätte. Das sind unsichere Zeiten: Sollen sie denn nun der Mama oder dem Papa oder der Frau im Kindergarten glauben? Kinder sind in dieser Zeit noch nicht fähig, einen eigenen Standpunkt zu entwickeln, wie ihn zum Beispiel ein innerer Kompromiss zwischen den unterschiedlichen Meinungen bilden würde. Sie müssen sich entscheiden und das bringt sie häufig in Loyalitätskonflikte. Denn die Mama könnte böse sein, wenn ich glaube, dass es einen Gott gibt, wie die Erzieherin sagt, oder auch umgekehrt. Vor allem in Familien, in denen die Moral und das Weltbild wenig flexibel sind oder gar mit Gottes Strafe gedroht wird, ist es für Kinder schwer, sich offen auf neue Sichtweisen einzulassen.

Erst zwischen dem achten und zehnten Lebensjahr, im so genannten moralischen Alter, beginnen Kinder eigene Normen für sich zu entwickeln, die anfangs oft sehr starr sind. Danach beginnt die von uns allen mehr oder weniger gefürchtete Adoleszenz, die Pubertät, in der Kinder und Jugendliche anfangen, sich gegen das Wertesystem der Erwachsenen zu wehren und ein eigenes zu entwickeln. Manche Erwachsene, die die integrative und die partizipierende Pädagogik kritisieren, sehen genau hier einen Angriffspunkt. Sie behaupten, Kinder brauchen das Normative, um sich in der Pubertät mit viel Energie von der Welt

der Erwachsenen zu trennen und die eigene Vorstellung zu suchen. Und Kinder bräuchten die Sicherheit, die ihnen ein engstirniges Weltbild bietet. Drastisch formuliert: Wenn Kinder wissen, dass Gott sie beschützt, dann haben sie keine Angst. Ich allerdings bin mir sicher, dass Kinder vor der Angst nicht zu schützen sind, auch wenn sie hundert Götter hätten. Sie erleben die Angst, wie wir alle, als ein wichtiges Indiz, dass sie in irgendeiner Weise in Gefahr sind oder in Gefahr sein könnten. Dies sind lebenswichtige Gefühle, weil sie uns helfen, uns zu schützen.

Kinder brauchen keinen Schutz vor der Angst. Kinder brauchen Unterstützung, um konstruktiv damit umzugehen. Wenn die Angst vor dem Fremden ein akzeptiertes Gefühl ist, können Kinder lernen, mit viel Sorgsamkeit für sich selbst das Neue und Fremde zu entdecken. Dabei hilft und unterstützt die Angstlust.

Angstlust – eines unserer tiefsten Gefühle

Die ursprünglichsten Gefühle des Menschen sind die Angst und die Lust. Bereits ein Baby entwickelt diese Emotionen und lebt sie aus. Unwohlsein macht Angst. Hunger bedeutet die Gefahr, vergessen zu sein. Lust macht zu trinken und zu saugen, im Arm der Eltern zu liegen und geborgen zu sein. Diese ganz frühen Gefühle sind ausschlaggebend für die Entwicklung – auch der technischen – des Menschen. Es war die Neugierde, welche den Menschen einst mit dem Feuer spielen ließ, und Neugier ist nichts anderes als die innere Lust etwas zu entdecken, was gleichzeitig ein ängstliches Kribbeln verursacht. Je älter wir werden, umso weniger mögen wir in der Regel die Angst spüren oder gar sie zugeben. Sie gilt als ein schwaches Gefühl, etwas, was eine gestandene Frau oder ein gestandener Mann nicht hat. Damit werden wir diesem Gefühl jedoch nicht gerecht. Hätte es die Angst im Menschen nicht gegeben, wären wir längst ausgestorben, weil dann nie einer unserer Vorfahren gegen die Bedrohung gekämpft hätte oder vor ihr davongelaufen wäre. Angst ist kein schwaches Gefühl, sondern ein lebensnotwendiges Alarmsystem.

Und doch, es gibt Situationen, in denen wir uns ärgern über die Angst. Da haben wir einen Preis gewonnen und zittern, weil wir nun auf die Bühne müssen, um ihn entgegenzunehmen. Wir wissen, was wir in unserem Job wert sind, und trauen uns nicht, mehr Gehalt zu fordern. Gleichzeitig wollen wir auch den Kick spüren, von einer Brücke zu springen und uns auf das Seil zu verlassen. Oder aber einfach den Hund des Nachbarn streicheln. Situationen, die gleichzeitig von einem aufregenden, freudigen und

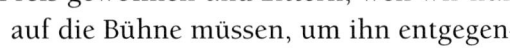
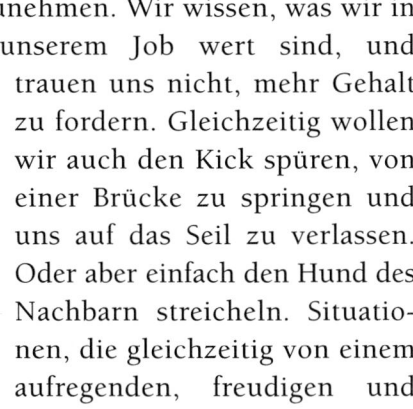

ängstlichen Gefühl begleitet werden. Die Spannung, die dadurch erzeugt wird, ist immer wieder schwer zu verstehen. Warum habe ich Angst, wenn ich mich eigentlich darauf freue?

Wie erwähnt, ist es das Urgefühl des Menschen, Angst und Lust gleichzeitig zu empfinden, auch wenn häufig eines der beiden Gefühle so stark ist, dass das andere nicht mehr wahrgenommen wird.

Aber es ist auch – und damit kehren wir von der kurzen Reise in die Psychologie wieder direkt zum Thema zurück – das Neue, was uns ängstigt. Es ist so, als wollten wir über einen Berg gehen, aber wissen nicht, was uns dort erwartet. Ist es heiß oder kalt und brauchen wir dort Gummistiefel oder reichen Sandalen? Sich wirklich auf etwas Neues einzulassen, bedeutet, sich auf unsicherem Boden zu bewegen.

Diese Unsicherheit kann für Menschen in einem bestimmten Maße spannend sein und sie reisen mit dem Rucksack vielleicht in fremde Länder. Die Lust, der Spaß ist größer als die Angst. Doch wenn unser oft gut und vertraut eingerichtetes Alltagsleben von Neuem »bedroht« ist, kann der Spaß schnell vergehen.

Wenn Neues die alte Ordnung verwandelt

Wir Menschen sind ein wenig bequem, was Veränderungsprozesse anbelangt. Das ist nicht schlimm, es ist einfach so, dass wir alle es gerne haben, wenn unser Leben in einer bestimmten Ordnung verläuft. Nun finden in unserer Gesellschaft zur Zeit aber viele Umbrüche statt. Diese bringen Unsicherheiten, weil die bisherige Ordnung ins Wanken gerät. Das beginnt mit dem Verfall der Werte oder auch der Moral, wie weithin beklagt wird. Dabei wird oft übersehen, dass wir die Werte damit auch neu gestalten können. Wenn wir alle nicht im Beklagen stecken bleiben, sondern für uns und unsere direkte Umwelt neue Normen schaffen, dann ist diese Zeit zwar ein Umbruch, führt aber direkt zu neuer Sicherheit, was unsere Werte betrifft. Wichtig ist hier auch zu verstehen, dass dies anderen Generationen vor uns ebenso ergangen ist. Es war sicher für viele Menschen eine zu kritisierende Zeit, als die ersten Frauen die Scheidung einreichten, ein eigenes Konto eröffneten oder außerhalb des Familienbetriebes ihr eigenes Geld verdienen wollten.

Auch unser soziales Umfeld ist von Umbrüchen geprägt. Einerseits müssen die Institutionen mehr denn je auf ihre finanzielle Basis achten, andererseits werden neue Konzepte umgesetzt und Menschen, die bisher in abgeschotteten Einrichtungen lebten, vermehrt in die Städte integriert. Das bedeutet, wir alle begegnen zunehmend Menschen, denen anzusehen ist, dass sie in irgendeiner Form krank und zum Teil auch hilfsbedürftig sind.

Soziale Gruppen, die lange Zeit nur außerhalb des »Mainstreams« sichtbar waren, Schwule und Lesben etwa, entwickeln mehr Selbstbewusstsein und fordern einen veränderten Umgang mit ihnen. Und nicht zuletzt sind in allen möglichen Ländern dieser Welt Menschen politisch, sozial oder religiös bedroht und ziehen deshalb zu uns.

Diese und noch viele weitere Aspekte verändern zusehends die Umwelt um uns herum. Wir werden mit dem Neuen konfrontiert und das wirft viele Fragen auf, die pauschal nicht zu beantworten sind. Ist es gerecht, dass ein Kind mit Down-Syndrom geboren wird? Sind psychisch kranke Menschen gefährlich für mich, meine Kinder, im Straßenverkehr? Nehmen uns »die Ausländer« die Arbeit und damit unsere Existenz weg? Was ist, wenn in unserem Stadtparlament die zweitgrößte Kraft eine muslimisch orientierte Partei ist, werden »unsere Rechte« dann noch vertreten? Diese Fragen müssen weiterhin gestellt werden dürfen, aber nicht als vorformulierte Antwort und Faktum, sondern als Einstieg in ein gemeinsames Gespräch, in dem Informationen ausgetauscht werden und gemeinsame neue Wege sich entwickeln können. Für den Umgang mit Kindern bedeutet das, sie in ihren eigenen Vorstellungen und Gefühlen ernst zu nehmen und in einen gemeinsamen Diskurs darüber zu kommen – sowohl Kinder mit Erwachsenen als auch untereinander, so wie im Beispiel auf Seite 10 angedeutet.

Kinder in der Akzeptanz unterstützen

Ein erster Schritt, wenn Kinder andere ausgrenzen oder ihre Lebens- und Sichtweise nicht akzeptieren, ist immer, einen gemeinsamen Nenner zu suchen. Ayse glaubt nicht an Gott, und Joshua glaubt an Jachwe, da kann Martin nicht sagen, Ayse sei die Einzige, die einen anderen Glauben hat. Und selbst wenn Martin und Sabine der gleichen Kirche angehören, haben sie ein unterschiedliches Verständnis der eigenen Religion. Sind diese Unterschiede und damit auch die Gemeinsamkeiten den Kindern erst einmal deutlich, sind sie frei, sich Informationen zu den Hintergründen anzuhören und damit ein Verständnis für das andere zu entwickeln.

Auch in Familien ist das möglich. Findet der große Bruder das dauernde Verkleiden der kleinen Schwester nur peinlich und schimpft regelmäßig darüber, gibt es sicher Hobbys von ihm, welche die Mutter auch nicht attraktiv findet. Und vielleicht langweilt sich die Mutter bei den Fußballspielen ihres Mannes regelmäßig, trotzdem liebt sie ihn und, mehr noch, sie lebt mit ihm zusammen und hat gemeinsame Kinder geboren. Damit kann auch der Bruder begreifen, dass die Toleranz demgegenüber, was der andere tut, gar nicht so schwer ist, und Menschen sich trotz solcher Unterschiede lieben und akzeptieren können.

Doch bei aller Toleranz: In Gruppen brodelt es oft, auch ohne dass ein Mensch offensichtlich anders ist. Oft sind es Kleinigkeiten, die dazu führen, dass zum Beispiel ein Kind aus der Gruppe ausgeschlossen wird. Dabei können vielfältige Aspekte eine Rolle spielen. Manchmal geht es einfach um Macht und Einfluss in der Gruppe oder es wird ein Sündenbock gesucht, der stellvertretend für die Gruppe bestraft wird. Auch die sich immer wiederholenden gruppendynamischen Prozesse können zeitweise zum Ausschluss Einzelner führen. In Kindergruppen bedeutet dies, wie mehrfach erwähnt, dass Erwachsene gut beobachten müssen, was in der Gruppe gerade los ist, um ein Gespür für die Ursachen zu bekommen.

Lösen lassen sich solche Situationen nur im gemeinsamen Tun, in dem die Kinder sich gegenseitig mit ihren starken Seiten erleben können, und im Gespräch, in dem der Erwachsene emphatisch und spiegelnd die Gefühle der Kinder wahrnimmt.

Als letztes möchte ich noch darauf aufmerksam machen, dass sich in unserer Sprache viele Wortschöpfungen verbreitet haben, die durchaus eine fremdenfeindliche Gesinnung signalisieren oder sogar aus dem nationalsozialistischen Sprachgebrauch stammen. Sie sind uns so vertraut, dass wir die ursprüngliche Bedeutung oft gar nicht mehr wahrnehmen. Trotzdem sollten wir gerade im Umgang mit Kindern sehr sensibel sein, damit sich diese Wort»spiele« nicht weiter über Generationen fortsetzen. Das betrifft Ausdrücke wie: Es ist getürkt/Das kommt mir spanisch vor/Ich bin doch nicht dein Neger/Sitzt auf dem Geld wie die Juden und so weiter.

Die folgenden Spiele, Übungen und Ideen sind für zu Hause, Kindertagesstätten, die ersten beiden Grundschuljahre oder Kindergruppen gedacht. Der Großteil der Angebote eignet sich für ein, zwei oder mehr Kinder, für manche ist eine Mindestzahl an Mitspielern nötig. Kinder brauchen in ihrer Auseinandersetzung mit emotionalen Themen nicht nur Erwachsene, die sie möglichst wertungsfrei zu einem Ausdruck ihrer Gefühle und Gedanken ermuntern sollten, sondern auch den Austausch mit Gleichaltrigen. Es wäre daher wünschenswert, wenn Eltern ihren Kindern häufig ein entsprechendes Umfeld bereiten könnten.

Hinweis

Der Einfachheit halber sind die Kinder auf den folgenden Seiten in der Mehrzahl genannt, auch wenn es sich um Spiele handelt, die auch für ein Kind allein geeignet sind.

Das Fremde wahrnehmen

Spiele und Übungen zur Sensibilisierung

In diesem Kapitel finden Sie Spiele und Übungen, die den Kindern helfen sollen, ihre Wahrnehmung für sich und andere zu sensibilisieren. Hierzu braucht es für die Kinder eine offene und freie Atmosphäre. Es ist wichtig, dass sie die Spiele als Angebot verstehen und sich selbst entscheiden können, wie weit sie sich darauf einlassen. Außerdem ist es notwendig, dass Kinder ihre eigenen Erfahrungen machen und dass es einen akzeptierenden Umgang miteinander gibt. Denn die Einzelnen werden dieselbe Situation jeweils ganz unterschiedlich erleben und können so im Austausch darüber die Faszination entdecken, wie sie sich gegenseitig mit ihrer persönlichen Erfahrung bereichern.

Für die Erwachsenen bedeutet das, sich so weit wie möglich zurückzuhalten. Wenn Kinder zuerst einmal einen Lösungsweg suchen, den Sie bereits als einen nicht zum Ziel führenden erleben, ist es wichtig, die Kinder diese Erfahrung alleine machen zu lassen.

Nur wenn die Erwachsenen direkt um Hilfe gebeten werden, sollten sie eingreifen und zwar bloß in dem Rahmen, wie ihr Auftrag lautete.

Hinlegen und aufstehen

Bevor Kinder beginnen, die Welt und die Menschen zu beobachten, fangen sie erst einmal bei sich selbst an. Was genau passiert denn beim Liegen, beim langsamen Aufwachen und dem anschließenden Aufstehen?

Die Erwachsene gibt Anweisungen, welche die Kinder nach und nach befolgen sollen: »Wir legen uns ganz bequem auf den Boden. Wir versuchen genau zu spüren, an welchen Stellen wir den Boden berühren. (Pause) Wir beginnen mit dem Kopf und konzentrieren uns ganz auf die Stelle, an der dieser den Boden berührt, und wie sich das anfühlt. Ist es angenehm oder nicht? (Pause)«

So begleitet die Erwachsene die Kinder Stück für Stück auf ihrer Reise durch den ganzen Körper und endet an den Fersen.

»Jetzt atmen wir tief durch und stellen uns dabei vor, wir würden die Luft in die Füße saugen. Dann blasen wir sie vom großen Zeh angefangen durch die Lunge wieder hinaus. Anschließend denken wir darüber nach, was wir an diesem Tag besonders Tolles erleben wollen. Nun werden wir sanft ›geweckt‹. Wir stehen langsam und behutsam auf und beobachten genau, wie einige Körperteile den Boden verlassen und andere dafür mit mehr Gewicht auf den Boden drücken. Wenn wir mit beiden Beinen auf dem Boden stehen, holen wir tief Luft und begrüßen mit einem lauten Schrei den Tag.«

ALTER:	ab 2 Jahren
ANZAHL:	ab einem Kind
MATERIAL:	keines
ZEIT:	etwa 10 Minuten
ORT:	überall, wo die Kinder ungestört sind

Hinweis

In einem anschließenden Gespräch möchten die Kinder vielleicht ihre Empfindungen bei dieser Übung schildern. Die Erwachsene kann immer wieder darauf aufmerksam machen, wie unterschiedlich die Gefühle jedes und jeder Einzelnen sein können und wie unterschiedlich daher auch ihre Meinungen über das, was sie erleben.

Selbstporträt

Ein Selbstbildnis in Lebensgröße ist für alle Kinder faszinierend zu betrachten, zumal wir Menschen uns oft unterschiedlich groß oder klein wahrnehmen und es spannend ist, mal ein maßstabsgetreues Bild von sich selbst zu sehen.

Ein Kind legt sich auf ein großes Papier und sein Partner zeichnet die Körperumrisse nach. Jetzt können die Kinder ihr Bild mit ihrer Lieblingskleidung anmalen. Oder sie zeichnen in die verschiedenen Körperteile Symbole für etwas, das sie bereits können. Zum Beispiel kann der Kopf sehen und hören, sprechen, singen und denken; die Hände die Schuhbänder binden oder sogar schon schreiben; die Beine können schwimmen, Fußball spielen und Fahrrad fahren. Später, wenn sie etwas Neues gelernt haben, zeichnen die Kinder ein zusätzliches Symbol in ihr Bild. Wer will, kann das überstehende Papier abreißen oder -schneiden und sich einen schönen Platz suchen, um das Selbstporträt aufzuhängen.

ALTER:	ab 3 Jahren
ANZAHL:	ab einem Kind
MATERIAL:	Packpapier auf der Rolle, Wachsmalstifte, Schere
ZEIT:	etwa 20 Minuten
ORT:	im Zimmer

Wie viele Hände berühren mich?

Ein Spiel, das mir persönlich viel Spaß macht und bei dem sich nicht nur Kinder ganz besonders auf die eigene Körperwahrnehmung konzentrieren müssen. Für Kinder unter 5 Jahren ist es in der beschriebenen Variation spielbar.

Die Kinder bewegen sich zur Musik im Raum. Wenn die Erwachsene die Musik stoppt, ruft sie den Namen eines Kindes. Dieses muss sofort stehen bleiben und die Augen schließen. Die anderen Kinder stellen sich um das Kind herum und legen gleichzeitig ihre Hände auf den Bauch, den Rücken und auf die Beine des »blinden« Kindes. Danach versuchen sie, sich nicht mehr zu bewegen. Das Kind soll nun erraten, von wie vielen Händen es gerade berührt wird. Hat es eine Zahl genannt, darf es die Augen öffnen und nachschauen, wie viele Hände es wirklich waren. Natürlich legen nicht alle jedes Mal beide Hände auf, da sonst die Anzahl ja immer gleich wäre.

Danach schaltet die Erwachsene die Musik wieder an und alle Kinder bewegen sich im Raum. Das gibt dem Kind, das gerade an der Reihe war, noch ein wenig Zeit, um nachzuspüren, wie die Wärme der vielen Hände auf dem eigenen Körper langsam wieder verschwindet.

ALTER:	ab 2 Jahren
ANZAHL:	ab 3 Kindern
MATERIAL:	keines
ZEIT:	etwa 3 Minuten pro Kind
ORT:	überall, wo die Kinder ungestört sind

Variation

Kinder unter 5 Jahren bekommen maximal acht Hände aufgelegt. Sie sollen die Hände berühren und damit anzeigen, dass sie diese gespürt haben. Jede berührte Hand wird zurückgezogen und am Ende zeigt sich, ob das Kind vielleicht eine Hand vergessen hat.

Wem gehört das grüne Auge?

Im Laufe eines Tages nehmen wir mit den Augen ungeheuer viel wahr, oft ohne es zu merken. Dabei gibt es Dinge, die wir häufig anfassen oder anschauen, und obwohl sie uns so vertraut sind, wissen wir nicht, wie wir sie beschreiben sollen, wenn wir dazu aufgefordert werden. Mit der folgenden Übung können Kinder und Erwachsene dies vielleicht ändern.

Die Erwachsene befestigt das Leintuch mit Reißnägeln an der Decke oder mit Wäscheklammern an einer Teppichstange oder Wäscheleine. Hinter dem Leintuch steht ein Kind. Die anderen einigen sich, wer sein Auge an das Tuch halten darf, damit das Kind hinter dem Leintuch erraten kann, wer da steht. Die übrigen Kinder achten nun darauf, dass nur dieses Auge durch das Loch schaut und

ALTER:	ab 3 Jahren
ANZAHL:	ab 5 Kindern
MATERIAL:	ein undurchsichtiges Leintuch mit einem kleinen Loch in der Augenhöhe der Kinder
ZEIT:	etwa 5 Minuten
ORT:	im Zimmer oder draußen

nicht etwa die Augenbraue oder die Nasenspitze mehr von dem Gesicht verrät. Das Kind auf der anderen Seite muss jetzt das Kind mit Namen erkennen, dessen Auge es sieht. Und das ist gar nicht so einfach!
Noch schwieriger wird es, wenn durch das Loch eine Nase oder gar ein Ohr schaut.

Büchertransport

Kooperation ist ein wichtiges Erleben, um zu begreifen, dass in einer Gruppe nicht alle alles gleich gut können müssen, sondern sich die unterschiedlichen Kompetenzen ergänzen. Dies bedeutet aber auch, dass die Kinder lernen müssen, Verantwortung für sich selbst zu übernehmen und gleichzeitig sensibel zu werden, wie viel Unterstützung der oder die andere braucht. In einem anschließenden Gespräch versucht die Erwachsene, auch auf diesen Aspekt einzugehen.

Für jeweils zwei Kinder liegt ein Buch bereit, das von einem der beiden auf dem Kopf ans andere Ende des Zimmers transportiert werden muss, ohne dass das Buch herunterfällt. Dabei darf das zweite Kind helfen. Es alleine darf das Buch mit den Händen berühren. Ist das Buch doch heruntergefallen, probieren die Kinder es noch einmal. Für ganz Geschickte stehen auf dem Weg noch verschiedene Gegenstände wie ein Ball, über den sie steigen, ein Stuhl, über den sie klettern müssen, und so weiter. Nach jeder erfolgreichen Runde sollen die Kinder die Aufgaben tauschen. Nachdem die Kinder gemeinsam und vielleicht auch alleine mit dem Buch experimentiert haben, sprechen sie über die Erfahrungen.

ALTER:	ab 2 Jahren
ANZAHL:	ab einem Kind
MATERIAL:	für je zwei Kinder ein Buch
ZEIT:	etwa 5 Minuten
ORT:	überall, wo die Kinder ungestört sind

- Wie ist das, wenn ich darauf angewiesen bin, dass mein Partner oder meine Partnerin das Buch rechtzeitig festhält?
- Macht es mir etwas aus, wenn das Buch trotzdem herunterfällt?
- Bin ich dann sauer und wer ist daran schuld?
- Würde ich diese Übung mit jedem aus der Gruppe gleich gerne machen?

Dieses sind mögliche Fragen, welche die Erwachsene stellen kann, um den Kindern eine Einstiegshilfe in das Gespräch zu geben.

Das ist doch nicht normal!

Was ist denn schon normal in dieser Welt, in der alles sich ständig verändert? Für Kinder ist es wichtig, dass sie einerseits ein stabiles Weltbild für sich entwickeln können und gleichzeitig offen bleiben für Neues und Andersartiges.

Die Kinder bekommen die Aufgabe, zwei Sachen oder Menschen zu malen oder zu basteln. Dabei sollen sie im ersten Bild alles so machen, wie es normal ist. Und das zweite Bild zeigt dasselbe nicht normal. Zum Beispiel einen Menschen, der eine weiße und eine schwarze Hand hat, oder ein Auto mit fünf Rädern und so weiter. Anschließend stellen die Kinder die Bilder in der Gruppe vor und beginnen darüber zu sprechen, was normal ist und was nicht normal ist. Was ist das eigentlich für ein Begriff: *Normal*. Wer bestimmt denn, was normal ist und was nicht? Vielleicht hat die Erwachsene noch ein Beispiel bereit, was in einem anderen Kulturkreis normal ist und bei uns verpönt und umgedreht.

ALTER:	ab 4 Jahren
ANZAHL:	ab 2 Kindern
MATERIAL:	Papier, Stifte, eventuell Klebstoff und Bastelmaterialien
ZEIT:	etwa 15 Minuten
ORT:	im Zimmer

Guck mal, wer da klopft

In diesem Spiel geht es darum, ein Gespür für die eigenen Gefühle und Wahrnehmungen zu entwickeln und zu erleben, dass andere etwas, das wir auf eine Art erleben, oft ganz anders deuten oder empfinden.

Alle Kinder stehen im Kreis. Die Erwachsene fängt an, mit ihrem Körper ein Geräusch zu machen, indem sie sich zum Beispiel auf den Bauch klopft. Die Kinder versuchen dieses Geräusch nachzuahmen. Nun dürfen alle, die Lust haben, verschiedene Geräusche vorgeben. Es ist egal, ob es sich dabei um einen Klatschrhythmus oder ein anderes Geräusch handelt.

Wenn alle einmal an der Reihe waren, versuchen die Kinder in der zweiten Runde, die Geräusche zu beschreiben. Könnte es eine Eisenbahn sein oder war es eher ein galoppierendes Pferd? Gibt es Runden, in der sich alle einig sind, und andere, in der es ganz unterschiedliche Meinungen gibt? Dazu müssen die Geräusche natürlich immer wieder wiederholt und neu ausprobiert werden.

ALTER:	ab 2 Jahren
ANZAHL:	ab einem Kind
MATERIAL:	keines
ZEIT:	etwa 15 Minuten
ORT:	im Zimmer

Dem Fremden begegnen

Angstlust und Neugierde spielerisch entdecken

Kinder müssen sich häufig auf etwas Fremdes einlassen. Sie gehen mit der Mutter zum ersten Mal zum Frisör, sie bekommen einen neuen Babysitter oder fahren mit der Familie in den Urlaub, wo das Haus, das Bett und die Umgebung den Kindern ungewohnt ist. Auch der Schritt in die Kindertagesstätte macht Angst, weil so viel so fremd ist.

Für die Kleinen sind die fremden Kinder, der Lärm und das neue Haus, in dem sie sich zuerst nicht zurechtfinden, sehr bedrohlich. Doch auch die bestehende Gruppe muss sich öffnen. Alle Kinder müssen sich neu orientieren und brauchen Sicherheit, damit sie den Neuen in der Gruppe einen »Platz« geben, eine eigene Rolle finden und Freunde werden können. Ähnlich verhält es sich beim Schuleintritt.

Eine Möglichkeit, die Neugierde auf das Neue zu provozieren, wäre, die Kinder in die Vorbereitung auf die neue und fremde Situation mit einzubeziehen. Die Erwachsenen sollten mit den Kindern darüber sprechen, wie diese eine vorangegangene befremdende Situation erlebt haben. Was hat ihnen da Angst gemacht, was hat ihnen da geholfen, sich darauf einzulassen? Indem die Kinder sich an eigene Erlebnisse erinnern, entwickeln sie ein Verständnis für sich und andere und können bereits im Vorfeld eine Strategie entwickeln.

Ein Bild von außen

Lernen Kinder neue Menschen kennen, etwa weil der große Bruder einen Austauschschüler eingeladen hat, können die kleinen Geschwister sich mit dem »Familienzuwachs« auseinander setzen, indem sie ihm eine Einladung schicken und darin auch ihre Wünsche für die gemeinsame Zeit formulieren.

ALTER: ab 2 Jahren
ANZAHL: ab einem Kind
MATERIAL: Doppelpostkarte, Papiermesser,
          Foto der Familie, Stifte, Klebstoff
ZEIT: etwa 15 Minuten
ORT: überall

Eine Doppelpostkarte wird genommen und deren Deckblatt mit einem Papiermesser wie ein Fenster mit Fensterkreuz ausgeschnitten. Hinter das Fenster kleben die Kinder dann ein Foto von der Familie, vielleicht sogar im Wohnzimmer, in dem alle in ein Spiel vertieft sind. Auf die Innenseite wird die Einladung geschrieben und auf der Rückseite kann die ganze Familie unterschreiben. Jetzt kann sich der Neuankömmling schon mal das Ganze in Ruhe von außen betrachten, bevor er oder sie in der Mitte steht.

Jedes der kleinen Geschwister kann noch ein Bild dazumalen, was es sich von dem Gast als gemeinsame Unternehmung wünscht. Vielleicht möchten sie ja sogar per Brief, bei dem eine Erwachsene hilft, einige Fragen stellen, die sie gerne vor dem Besuch beantwortet hätten. Zum Beispiel fragte Hanno einmal, »warum die in Italien so elektrisch sprechen«, eine gute Frage, um darüber ins Gespräch zu kommen, was Menschen in anderen Ländern von uns unterscheidet, aber auch verbindet.

Hinweis

Diese kleine Bastelarbeit kann natürlich für viele Gelegenheiten variiert werden, z.B. für einen Neuankömmling in der Kindergarten- oder Spielgruppe, im Turnverein usw.

Steckbrief

*Kommt ein neues Kind in die Kindertagesstätte, beginnt für den Neu-
ankömmling, aber auch für die Kindergartenprofis eine spannende Zeit.
Je besser diese vorbereitet wird, umso leichter ist es für die Gruppe, sich
neu zusammenzufinden. Denn jeder Neuzugang bringt das Gefüge und
die dynamische Ordnung einer Gruppe erst einmal durcheinander.*

Mit einer Einladung für den ersten Kitabesuch, die die Kinder gebastelt haben,
verschickt die Erwachsene einen Steckbrief, den die Eltern mit dem neuen Kind
ausfüllen sollen. Die Kinder in der Gruppe stellen gemeinsam mit der Erwachsenen
die Fragen zusammen. Damit können sie alles erfahren, was sie an den neuen
Kindern besonders interessiert. So werden zum Beispiel Fragen gestellt wie:

- Was spielst du am liebsten?
- Wie heißt deine Lieblingskassette oder -CD?
- Kannst du schwimmen oder schon Fahrrad fahren?
- Hast du im Garten schon einmal im Zelt übernachtet?
Und so weiter.

Wenn der Steckbrief zurück in die Kindertagesstätte kommt, werden die Antworten
von der Erwachsenen vorgelesen und drei Kinder werden zu Paten ernannt. Ihre
Rolle ist es, sich um dieses neue Kind besonders in der Anfangsphase zu kümmern.
Diese drei füllen nun ihrerseits denselben Steckbrief aus und stellen sich so dem
Neuankömmling vor. Damit gibt es vor dem Kitabesuch bereits einen ersten
Kontakt.

ALTER:	ab 3 Jahren
ANZAHL:	ab 3 Kindern
MATERIAL:	Papier, Klebstoff, Stifte
ZEIT:	etwa 10 Minuten
ORT:	überall, wo die Kinder ungestört sind

Der letzte Sonntag

Nicht nur die Augen offen zu halten, sondern auch die Ohren, die Nase und die Sinne der Haut, das zu trainieren ist das Ziel des folgenden Spiels. Jeder Mensch hat einen der fünf Sinne besonders stark ausgeprägt. Diese individuelle Stärke ist wichtig und es ist spannend herauszufinden, welche es ist.

ALTER: ab 3 Jahren
ANZAHL: ab einem Kind
MATERIAL: keines
ZEIT: etwa 5 Minuten am Montagmorgen
ORT: im Zimmer

Die Kinder setzen sich mit der Erwachsenen zusammen. Nun beginnt das erste damit, den letzten Sonntag zu beschreiben. Die anderen hören zu und jedes Mal, wenn der Mitspieler eine Wahrnehmung schildert, tippt ihm das Kind auf seiner rechten Seite auf die Schulter. Sieht ein Kind überall Farben, die ihn beeindrucken, oder sind es die Gerüche, die in der Erinnerung überwiegen? Es können auch Körperempfindungen sein wie zum Beispiel Wärme oder frischer Wind.

Gibt es ein großes Ungleichgewicht zwischen den verschiedenen Sinnen, wird es höchste Zeit, die anderen auch einmal zu nutzen und so zusätzliche Dinge wahrzunehmen.

Ich liebe mich – ich mag mich nicht

Kinder beginnen bereits im Kindergartenalter, sich mit anderen zu vergleichen. Sie erleben dabei auch, dass sie andere hübscher finden oder dass jemand etwas besser kann als sie selbst. Mitzuerleben, dass es den anderen ähnlich geht, hilft dabei, sich selbst treu zu bleiben und sich trotzdem zu mögen. Und wer sich selbst leiden kann, hat es auch leichter, andere zu mögen.

Die Kinder sitzen im Kreis. Das erste Kind sagt etwas, was es gut kann oder was es an sich gerne mag. Das kann zum Beispiel auch ein Kleid sein. Nun rollt es den Ball zu einem anderen Kind. Das nimmt den Ball und erzählt den anderen von etwas, was es an sich nicht so gerne hat oder was jemand aus der Gruppe schon besser kann. Fällt einem Kind nur eine Sache ein, die es sagen kann, ist das auch in Ordnung. Anschließend nennt es etwas, was ihm an sich selbst gut gefällt, und rollt den Ball weiter.

Wenn alle Kinder an der Reihe waren, schauen sie mal, ob sich einige Kinder ähnlich sind in dem, was sie an sich selbst mögen und was nicht. Gut ist es, wenn die Erwachsene bei diesem Spiel mitmacht und den Kindern damit zeigt, dass es allen Menschen und nicht nur den Kindern so geht.

ALTER:	ab 3 Jahren
ANZAHL:	ab 2 Kindern
MATERIAL:	ein Ball
ZEIT:	etwa 10 Minuten
ORT:	überall, wo die Kinder ungestört sind

Sei nett zu Eddie

Das gleichnamige Bilderbuch erzählt die Geschichte von Eddie.
Er ist ein Junge, der voller Neugierde das Leben kennen lernen möchte,
aber er ist oft allein. Weil er an Trisomie 21 leidet, will kein Kind mit ihm
spielen. So lange, bis er eines Tages zeigen kann, was er alles weiß ...

Das Bilderbuch wird von einer Erwachsenen vorgelesen. Danach erzählen die Kinder, was ihnen in dem Buch gefallen hat und was sie doof finden. Bestimmt möchten sie auch wissen, was für eine Krankheit Eddie hat. Und es gibt sicher viele Phantasien der Kinder, warum das so ist. Die Erwachsene sollte nach Möglichkeit erst einmal einfach abwarten, was die Kinder zu dem Buch sagen und welche Fragen ihnen während der nächsten Tage dazu einfallen. Greifen sie die Behinderungen von Menschen in ihrem Alltagsspiel auf? Wie gehen die Kinder damit um? Kennt jemand einen behinderten Menschen oder gibt es sogar Geschwisterkinder, die davon betroffen sind?

Hinweis

Trisomie 21 (Downsyndrom) ist eine Genkrankheit. Dabei ist das einundzwanzigste Gen dreimal vorhanden; die Norm ist, dass jedes Gen sich nur zweimal entwickelt. Es gibt nur drei Trisomien, die beim Menschen vorkommen können und mit denen das Embryo trotzdem lebensfähig bleibt.

Charakteristisch für die Trisomie 21 ist das »mongolische« Aussehen, was früher dazu führte, dass Menschen mit Downsyndrom mongoloid genannt wurden. Heute wird dieser Begriff aufgrund der damit oft verbundenen abwertenden Haltung und mit Rücksichtnahme auf den Stamm der Mongolen nicht mehr verwendet.

Kinder mit einem Downsyndrom entwickeln sich geistig verzögert, doch ist der Grad der geistigen Beeinträchtigung sehr unterschiedlich. Häufig zeigt sich von Geburt an ein Herzfehler, der in den ersten Monaten aber operativ geheilt werden kann. Im Gegensatz zur geistigen Entwicklung verläuft die körperliche Alterung schneller, als es der Norm entspricht, was bis vor zwei Jahrzehnten dazu führte, dass Menschen, die an einer Trisomie 21 litten, selten älter als vierzig Jahre wurden.

Heute kommen durch die Amniozentese (Fruchtwasseruntersuchung) und die dadurch mögliche Früherkennung weniger Kinder mit diesem Krankheitsbild auf die Welt. Viele Eltern entscheiden sich bei dieser Diagnose für einen Schwangerschaftsabbruch.

Wer wenig Erfahrung im Umgang mit Menschen hat, die mit einem Handicap leben, sieht häufig nur den Mangel, die Abweichung vom Normalen, die Schwierigkeiten. Das ist sehr verständlich. Wir kommen schnell in eine Identifikation und denken zum Beispiel: Wie schlimm wäre es für mich, nicht richtig laufen zu können. Dabei erleben die Menschen ihr Handicap oft genau so, wie wir unsere krumme Nase:

ALTER:	ab 3 Jahren
ANZAHL:	ab einem Kind
MATERIAL:	Bilderbuch (siehe Literaturtipps)
ZEIT:	etwa 15 Minuten
ORT:	überall, wo die Kinder ungestört sind

Manchmal stört sie uns sehr, und dann sind wir wieder versöhnt damit. Auch Kinder mit einer Behinderung haben Tage, an denen sie glücklich und zufrieden sind, und an anderen Tagen sind sie unruhig, gestresst, unzufrieden, quengelig, traurig oder frustriert, so wie es uns anderen allen auch geht. Es ist wichtig, sich das immer wieder vor Augen zu führen, sonst machen wir das Gegenüber zum Opfer seines Handicaps und sprechen ihm unbewusst die Möglichkeit auf ein glückliches Leben per se ab (weil das mit Behinderung eben nicht geht).

Wollen wir Eddie bei uns haben?

*Wenn die Kinder sich über einige Tage selbständig mit dem Thema
Behinderungen auseinander gesetzt haben, wird es Zeit,
die entstandenen Fragen zu beantworten, aber auch,
neue Impulse zu setzen.*

Die Kinder haben sicher Fragen zum Thema Behinderung, die sie gerne beantwortet haben möchten. Vielleicht erklärt sich ein Arzt, eine Ärztin oder ein/e HeilerziehungspflegerIn bereit, mit den Kindern darüber zu reden. Die Erwachsenen sollten darauf achten, dass keine Fragen tabuisiert werden. Es sind also auch Fragen erlaubt wie: Wer hat daran Schuld? Ob die Mama in der Schwangerschaft zu viel geraucht hat und das Kind deshalb krank geworden ist? Wer versorgt das Kind, wenn die Eltern sterben? Und so weiter.

Danach bekommen die Kinder Zeit, sich kreativ mit dem Thema auseinander zu setzen, sie haben dazu allerlei Material zum Malen und zum Basteln. Vielleicht können die Erwachsenen dazu Impulse geben, so zum Beispiel: Was macht Angst am Thema behindert zu sein? Oder auch: Was gefällt mir am Buch besonders? Eventuell möchten einige Kinder auch die Geschichte erst noch einmal hören.

Spielen die Kinder die Geschichte von Eddie, greift die Erwachsene das auf und überlegt mit den Kindern gemeinsam, was sie sich vorstellen, was sich Eddie wünschen würde.

Anschließend überlegen sie, was Eddie nicht kann, sie aber können, und sie überlegen auch, ob sie selbst eine Beeinträchtigung haben. Hört ein Kind nicht so gut? Trägt jemand eine Brille? Gibt es Kinder in der Gruppe mit Allergien? Und so weiter.

Was wäre denn, wenn Eddie hier in dieser Gruppe wäre oder in meiner Familie aufwachsen würde?

Hinweis

Lassen Sie den Kindern Zeit für diese Impulse. Die Woche, die ich als Zeitraum für dieses Projekt angegeben habe, ist das Mindestmaß. Die Erwachsenen sollten die Kinder gut beobachten, ob der nächste Impuls schon angebracht ist oder die Kinder noch Zeit brauchen, sich selbst damit auseinander zu setzen. Das ist deshalb wichtig, weil Kranksein für die Kinder auf unterschiedlichen Ebenen bedrohlich ist und sie deshalb Raum brauchen, einen Schritt nach dem anderen zu verdauen.

Für Kinder, die bereits fünf oder älter sind, empfehle ich statt *Sei nett zu Eddie* das Buch *Das war der Hirbel* (siehe Literaturtipps).

ALTER:	ab 3 Jahren
ANZAHL:	ab einem Kind
MATERIAL:	das Bilderbuch von Eddie (siehe Literaturtipps), viele Bastelmaterialien, Klebstoff, Scheren, Farben, Papier, Wolle usw.
ZEIT:	etwa eine Woche
ORT:	überall, wo die Kinder ungestört sind

Die hier beschriebenen Anregungen können ohne großen Aufwand auch auf andere Themen übertragen werden, so kann es auch um Menschen mit fremdem kulturellen Hintergrund, fremden Religionen oder anderes gehen. Die Grundzüge sind immer die gleichen: Es geht einerseits um Informationserweiterung und andererseits darum, sich mit dem Fremden auseinander zu setzen und gemeinsam zu überlegen, was daran beängstigend, aber auch faszinierend ist.

Bitte lasst mich rein

Kinder erleben im Alltag immer wieder, dass sie ausgegrenzt werden oder dass bestimmte Kinder sie mehr und andere weniger mögen. So etwas wird aber selten miteinander besprochen und häufig auch nicht bewusst wahrgenommen. Die nächste Übung bietet den Kindern die Gelegenheit, beide Seiten dieses Vorgangs zu spüren. Dabei sollte die Erwachsene darauf achten, dass keine sichtbaren Konflikte in der Gruppe bestehen, wenn sie den Kindern diese Übung anbietet.

Die Kinder stehen in einem engen Kreis, halten sich an den Händen und schauen nach innen. Ein Kind steht in der Mitte und soll aus dem Kreis kommen. Es darf die Hände dabei nicht benutzen, wohl aber mit dem Körper versuchen, sich zwischen zwei Kindern durchzuzwängen. Reden darf es auch und einzelne Kinder bitten, es doch rauszulassen. Waren alle an der Reihe, die es einmal ausprobieren wollten, erzählen die Kinder sich gegenseitig, wie es sich angefühlt hat, so von der Gruppe eingesperrt zu sein.

Anschließend drehen sich die Kinder im Kreis nach außen. Ein Kind versucht nun, in die Gruppe zu kommen. Dabei gelten dieselben Spielregeln wie vorher. Auch hierüber wird am Ende gesprochen. Das Spannendste aber finde ich immer herauszubekommen, wie Kinder diese Unterschiede wahrnehmen. Wollen sie nach draußen, macht das aggressiv? Wollen sie nach innen, macht das hilflos? Oder erleben es einzelne Kinder gerade umgedreht? Oder auch ganz anders?

ALTER:	ab 3 Jahren
ANZAHL:	ab 5 Kindern
MATERIAL:	keines
ZEIT:	etwa 15 Minuten
ORT:	überall, wo die Kinder ungestört sind

Menschen sind anders

Oft ist uns gar nicht bewusst, wie unterschiedlich wir Menschen sein können.
Deshalb erhalten hier nicht nur die Kinder die Möglichkeit, sich einmal Zeit
dafür zu nehmen, ihre Mitmenschen ganz genau zu beobachten.

ALTER:	ab 4 Jahren
ANZAHL:	ab 2 Kindern
MATERIAL:	keines
ZEIT:	etwa 30 Minuten
ORT:	in einer Ortschaft

Die Kinder verteilen sich in einem eingegrenzten Gebiet. Am besten eignet sich eine
Fußgängerzone, in der viele Menschen unterwegs sind. Die Kinder setzen sich an
den Rand und fangen an, die vorbeilaufenden Menschen zu beobachten. Dabei
unterhalten sie sich miteinander. Dieses Mal ist all das erlaubt, was sonst so schnell
verboten wird. Die Kinder dürfen über die Menschen sprechen und auch mal mit
dem Finger auf andere zeigen.
Was fällt Ungewöhnliches auf? Ist da ein alter Mann mit dem Skooter unterwegs?
Oder hat die Frau grüne Kniestrümpfe an und rote Schuhe? Wie geht denn dort die
Frau mit dem Kind um? Und so weiter.

Nach einiger Zeit trifft sich die Gruppe wieder und
tauscht ihre Erfahrungen aus. Wer hat etwas ganz
Besonderes beobachtet? Ist das, was die Kinder gesehen haben, schlimm (zum Beispiel Frau schlägt
Kind) oder einfach nur ungewöhnlich (alter Mann
fährt mit Skooter)? Die Kinder versuchen gemeinsam, ihre inneren Normen zu überprüfen und sich
darüber auszutauschen.

Das Fremde integrieren

Spiele und Übungen, die das Neue
vertraut werden lassen

Der schwierigste Schritt, wenn es um integratives Lernen geht, ist sicher, das Fremde vertraut werden zu lassen. Das braucht Zeit und es ist wichtig, den Kindern diese Zeit auch zu lassen. Dabei werden Sie im Umgang mit Kindern merken, wie unterschiedlich diese reagieren. Es gibt Kinder, die schnell auf ein anderes Kind zugehen, direkte Fragen stellen oder auch gleich helfen, ihm den Saft zu reichen. Andere Kinder werden erst einmal beobachten und abwarten, was passiert. Und es wird Kinder geben, die so tun, als sei nichts Ungewöhnliches an der Situation, und die z.B. das Kind im Rollstuhl scheinbar gar nicht wahrnehmen.

Das alles sind zu akzeptierende Möglichkeiten, mit dem Fremden umzugehen und sich ihm anzunähern. Wenn wir Erwachsene dies als Möglichkeit auffassen, neue Fassetten der Kinder wahrzunehmen, und nicht glauben, es sei grundsätzlich moralisch verwerflich, Ayse erst einmal nicht Guten Morgen zu sagen, dann gewinnen Kinder und Erwachsene an diesem Ereignis. Sollte es einem Erwachsenen jedoch nach einiger Zeit komisch vorkommen, dass ein Kind immer noch kein Interesse zeigt, ist es gut, das Gespräch mit dem Kind zu suchen und gemeinsam zu überlegen, woran es liegen kann und was das Kind noch an Unterstützung bedarf, um zu einem freundlichen Umgang mit dem oder der anderen zu kommen.

Ich werde getragen

Gerade in neuen Gruppen oder in Gruppen, in denen neue Kinder hinzukommen, gilt es immer wieder Vertrauen zu lernen. Das geht nicht im Handumdrehen, aber mit einem Angebot wie dem folgenden können Kinder schon früh gute erste Erfahrungen in der neuen Gruppe machen.

ALTER:	ab 4 Jahren
ANZAHL:	ab 9 Kindern
MATERIAL:	ein Leintuch
ZEIT:	etwa 15 Minuten
ORT:	im Zimmer

Das Leintuch liegt auf der Erde und ein Kind, das mag, legt sich darauf. Nun packen alle das Leintuch an und rollen den Rand ein wenig ein. Ein Kind gibt das Zeichen, wenn alle fertig sind. Zuerst wird das liegende Kind nur durch das Zimmer gezogen. Dann heben alle das Leintuch ein wenig an und gehen eine kleine Runde. Anschließend legen sie das Kind wieder sanft auf den Boden. Das nächste Kind, das mag, ist an der Reihe.

Im Rollstuhl unterwegs

Unsere Perspektive verändert sich sehr, wenn wir die Umwelt aus einer neuen Position heraus wahrnehmen. So wird auf einmal alles Größere viel bedrohlicher, wenn wir sitzen, als wenn wir stehen – eine wichtige Erfahrung für Kinder, die mit Rollstuhlfahrern umgehen.

Die Kinder gehen in Dreiergruppen mit einem Rollstuhl los. Finden sich nur Kinder unter sechs Jahren zusammen, muss eine Erwachsene mit. Alle Dreiergruppen bekommen eine Aufgabe gestellt. Diese soll jedes Kind erfüllen, während es im Rollstuhl sitzt. Die anderen beiden schieben abwechselnd und beobachten, wie die Leute sie anschauen, weil sie im Rollstuhl fahren.

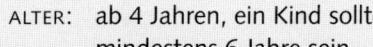

ALTER:	ab 4 Jahren, ein Kind sollte mindestens 6 Jahre sein
ANZAHL:	ab 3 Kindern
MATERIAL:	ein Rollstuhl (bei der Krankenkasse, im Orthopädiegeschäft, Krankenhaus oder Altenheim ausleihen)
ZEIT:	etwa 30 Minuten
ORT:	Fußgängerzone o.Ä.

Die Kinder sollen:

• eine Kugel Eis am Stand kaufen
• jemanden darum bitten, ihnen die Stufen hinaufzuhelfen
• vielleicht sogar versuchen mit dem Rollstuhl auf die Toilette zu kommen
• beim Bäcker anstehen und ein Brötchen kaufen und so weiter.

Jeder was anderes

Im folgenden Spiel bricht vermutlich erst einmal völliges Chaos aus.
Das ist gut so und gehört dazu. Es ist jedoch günstiger, wenn wenige
Kinder zusammen spielen. In großen Gruppen schauen die anderen
am besten erst einmal zu. Mit dem zweiten Versuch werden die
Kinder verstanden haben, dass sie das Ziel dieses Spiels nur erreichen,
wenn sie sich wirklich aufeinander verlassen.

Die Kinder bekommen die Aufgabe, die Bauklötze, die in zwanzig bis dreißig
Metern Entfernung (auf Teerboden mehr, auf der Wiese weniger) liegen, in den
Eimer zu transportieren, der auf dem Tisch steht. Dabei bekommen sie folgende
Handicaps:

- *Das erste Kind* darf sich nur auf dem Tisch aufhalten. Alle anderen Kinder dürfen den Kreis, der mit Kreide oder einem Seil markiert ist (Durchmesser etwa 1 Meter), um den Tisch nicht betreten. Es darf die Bauklötze anfassen.
- *Das zweite Kind* darf den Boden auf keinen Fall berühren. Und es darf keine Bauklötze anfassen.
- *Das dritte Kind* darf sich nicht fortbewegen (nicht gehen, nur stehen – es kann aber von den anderen Kindern transportiert werden: auf diese Lösung sollen die Kinder jedoch allein kommen). Es ist auch das einzige Kind, das außerhalb des Kreises Bauklötze anfassen darf.
- *Das vierte Kind* darf gehen und die Kinder berühren, aber keine Bauklötze anfassen und sie auch nicht besitzen (in der Hosentasche tragen ...).

Nun müssen die Kinder nur mit dem Dreirad die Bauklötze in den Eimer bringen, der auf dem Tisch steht und dort auch stehen bleiben muss. Weitere Hilfsmittel sind nicht erlaubt.

Hinweis

Dieses Spiel fordert von der Gruppe eine hohe Kooperationsbereitschaft und Frustrationstoleranz, wenn das Ziel nicht auf Anhieb erreicht wird. Schnell wird deutlich, dass von jedem Kind unterschiedliche Fähigkeiten gebraucht werden.

ALTER:	ab 3 Jahren
ANZAHL:	ab 4 Kindern
MATERIAL:	ein Tisch oder eine Bank, ein Dreirad oder Buggy, ein Eimer mit 5 bis 10 Bauklötzen, Kreide oder ein Seil
ZEIT:	etwa 15 Minuten
ORT:	am besten im Freien

Besuch bei ...

Je öfter Kinder die Erfahrung machen, selbst in einer Institution oder in einer Kultur fremd zu sein, umso leichter können sie sich einfühlen, wenn ein Kind neu zu ihnen in die Gruppe kommt, und umso mehr entwickeln sie ein Weltbild, in dem vieles auch unterschiedlich sein darf.

Den Kindern wird erzählt, dass sie in der nächsten Woche alles das einmal anschauen können, was sie schon immer interessiert. Je nach Jahreszeit kann dies auch noch thematisch angebunden werden. So zum Beispiel an Ostern: Da können die Kinder in eine Konditorei gehen, die Osterhasen aus Schokolade herstellt, den Bauernhof besuchen, wo viele Hennen gehalten werden, sie können einen griechisch-orthodoxen Gottesdienst erleben, was gerade zu Ostern sehr beeindruckend ist, vielleicht wollen auch einige Kinder einen muslimischen Gottesdienst besuchen. Wichtig ist, dass die Kinder die Orte selbst wählen und die Erwachsenen nur helfen, wenn es an Ideen fehlt. Schön ist es auch zu schauen, was im Kindergarten für mehrfach behinderte Kinder dieses Jahr zu Ostern gebastelt wird.

Die Kinder beschließen, was sie alles machen wollen, und einige Kinder erklären sich bereit, dort anzurufen und zu fragen, ob und wann sie kommen können. Die Erwachsenen unterstützen nur, wenn es notwendig ist, und dass im Islam kein Ostern gefeiert wird, ist sicher etwas, das die Kinder mit der Zeit herausfinden werden. Womit sie einen neuen Anlass zum Neugierigsein gewinnen, nämlich herauszufinden, welche Feste Muslime eigentlich feiern ...

Nach den jeweiligen Besuchen sprechen die Kinder darüber, wie es ihnen dabei ergangen ist. Was ist ihnen aufgefallen, wie haben sie sich gefühlt?

Hinweis

Die Erwachsenen sollten Wert darauf legen, dass die Kinder viel erzählen: Was sie schön fanden, was doof war, ob sie sich vor etwas geekelt haben, ob es in der fremden Kirche etwas gab, was sie bei sich auch gerne hätten, und so weiter. Die Wissensvermittlung ist hier also eher eine wertvoll ergänzende Nebensache.

Es geht vor allem darum, etwas Neues oder eine fremde Kultur zu spüren und dazugehörige Gefühle und Fragen auszusprechen.

Auch hier ist es, wie bereits mehrfach erwähnt, notwendig, dass die Erwachsenen eine akzeptierende Haltung zeigen. Dabei können und sollten sie sehr wohl Stellung beziehen (»Das ist meine Meinung; daran glaube ich«), wenn sie den Kindern verdeutlichen, dass andere Menschen eine berechtigterweise andere Position vertreten.

ALTER:	ab 3 Jahren
ANZAHL:	ab einem Kind
MATERIAL:	keines
ZEIT:	einige Stunden
ORT:	überall, wo Kinder willkommen sind

Fragen zu fremden Ländern stellen

Kinder müssen sich nicht immer auf den Weg machen, um Neues zu erfahren und dem Fremden ein wenig näher zu kommen. Es gibt viele Gelegenheiten, bei denen sich Kinder mit dem Fremden auseinander setzen und damit ein Stück vertrauter werden können.

Kommt ein neues Kind aus einem fremden Land oder aus einem anderen kulturellen Hintergrund, bereiten sich die Kinder darauf vor, indem sie so viel wie möglich über das Land und die Menschen dort herausfinden. Die Kinder können geradezu einen Wettbewerb daraus machen, was sie alles herausfinden. Dabei versuchen sie wieder, jeden Schritt so weit als möglich selbst zu entwickeln und zu planen. Die Erwachsene greift nur ein, wenn die Kinder in Gefahr sind oder sie angefragt wird zu helfen.

Am Anfang und am Ende der gemeinsamen Zeit tauschen die Kinder ihre neuesten Erkenntnisse aus. So kann der Neuanfang einer Beziehung zu einem Menschen aus einer fremden Kultur für die Kinder schon im Vorfeld spannend und wertvoll sein. Ängste und Vorbehalte werden so minimiert.

Dann wird das erste gemeinsame Treffen geplant. Dabei achten die Kinder und die Erwachsene darauf, dass die neuen Kinder in ihrer Muttersprache begrüßt werden und die Eltern dabei sind. Sollte es nötig sein, kümmern sich die Erwachsenen auch darum, dass ein Übersetzer dabei sein kann. Wird etwas gegessen, erkundigen sich die Kinder, was die Neuen mögen und was nicht. Und natürlich werden Spiele herausgesucht, die sich quasi von selbst erklären, damit die neuen Kinder gleich mitspielen können und alle Kinder spüren, es gibt bei allem Trennenden auch Gemeinsamkeiten und gemeinsamen Spaß.

ALTER:	ab 3 Jahren
ANZAHL:	ab einem Kind
MATERIAL:	Internet, Lexikon, Sachbücher (Vorschläge siehe Literaturtipps)
ZEIT:	über mehrere Tage verteilt
ORT:	überall

Literaturtipps

Weitere Literatur

In der Reihe *Auf den Spuren fremder Kulturen* beim Ökotopia Verlag, Münster, finden Sie Spielideen, Projekte und Informationen, um mit Kindern fremde Kulturen zu entdecken, Geschichte zu spielen und Feste zu feiern.

Baum, Heike: *Starke Kinder haben's leichter. Spielerisch das Vertrauen in die eigene Kraft stärken.* Herder, Freiburg 1998

Ennulat, Gertrud: *Ängste im Kindergarten. Ein Praxisbuch für Erzieherinnen und Eltern.* Kösel, München 2001

Gemeinsame Förderung ausländischer und deutscher Kinder im Kindergarten. Anregungen, Arbeitshilfen, Materialien für Erzieher und Sozialpädagogen. (7 Bände) Auer, Donauwörth

Gemeinsame Förderung behinderter und nichtbehinderter Kinder. Handbuch für den Kindergarten. Beltz, Weinheim 1993

Heimlich, Ulrich: *Behinderte und nichtbehinderte Kinder spielen gemeinsam. Konzept und Praxis integrativer Spielförderung.* Klinkhardt, Bad Heilbronn 1995

Huber-Rudolf, Barbara: *Muslimische Kinder im Kindergarten. Eine Praxishilfe für alltägliche Begegnungen.* Kösel, München 2002

v. Sayler, Wilhelmine (Hg.): *Bausteine zur interkulturellen Erziehung. Spiele und Üungen für bi- und multikulturelle Kindergruppen.* Verlag für Entwicklungspolitik, Saarbrücken 1987

Kinderbücher/Bilderbücher

Fleming, Virginia/Cooper, Floyd: *Sei nett zu Eddie.* Lappan, Oldenburg 1998

Fienberg, Anna/Fienberg, Barbara: *Mein kleiner Freund Taschi.* dtv, München 2001

Härtling, Peter: *Das war der Hirbel.* Beltz und Gelberg, Weinheim 1996
(Beim Verlag ist gegen ca. 2 Euro ein Lehrerbegleitheft erhältlich.)

Reuter, Elisabeth: *Sohann. Eine Geschichte vom Fremdsein.* Ellermann, Hamburg 1993

Schröder, Silke/Reuter, Elisabeth: *Carla. Eine Geschichte über Epilepsie.* Ellermann, Hamburg 1996

Velthuijs, Max: *Frosch und der Fremde.* Lentz, München 1993

EMOTIONALE ERZIEHUNG

EMOTIONALE ERZIEHUNG

Heike Baum, Spiel-
pädagogin, Gruppen-
dynamikerin und
Supervisorin (DGSv),
leitet Seminare mit
dem Schwerpunkt
»Emotionale Erziehung«
für Eltern und Erzieher.

Kleine, handliche Praxisratgeber für alle, die mit Kindern im Vor-
schulalter umgehen: spielerische, alltagsnahe und leicht umzuset-
zende Anregungen, um die soziale und emotionale Kompetenz von
Kindern zu stärken. Nach einem übersichtlichen Informationsteil
zum entwicklungspsychologischen Hintergrund und pädagogischen
Umgang mit einem wichtigen Gefühlsbereich enthält jeder Band
praktische Spielideen und Übungen.

Da bin ich fast geplatzt!
Vom Umgang mit Wut und Aggression
ISBN 3-466-30585-3

Ich hab aber nicht geschwindelt!
Vom Umgang mit Lüge und Wahrheit
ISBN 3-466-30587-X

Ist Oma jetzt im Himmel?
Vom Umgang mit Tod und Traurigkeit
ISBN 3-466-30586-1

Jeder Band:
48 Seiten, kartoniert,
durchgehend illustriert

KÖSEL

LEBEN MIT KINDERN

LEBEN MIT KINDERN